생명을 살리는 성경공부 4

개혁주의생명신학 7대 실천운동

영적생명운동

지은이 **장 종 현**

장종현 박사는 충남 아산시 영인면 성내리 안골에서 농부의 아들로 태어났습니다. 중학교 3학년 때 예수님을 영접한 이후 무릎 꿇고 받은 사명을 감당하기 위해 1976년 11월 1일 "진리가 너희를 자유케 하리라"(요 8:32)는 말씀을 붙잡고 백석학원(백석대학교, 백석문화대학교, 백석예술대학교, 백석대학교평생교육신학원)과 기독교연합신문사를 설립했습니다.

그는 백석학원이 세상에 존재하는 또 하나의 대학이 아니라 오직 하나님의 말씀에 의해서 사람을 변화시키고 영적 생명을 살리는 기독교 대학을 세우기 위해 일평생 헌신하고 있습니다.

그는 개혁주의 5대 표어를 생명처럼 여기면서 신학이 학문으로 전락해서는 안 되고 그리스도의 생명이어야 한다는 것을 깊이 깨닫고 개혁주의생명신학을 주창했습니다. 개혁주의생명신학은 개혁주의신학을 실천하는 운동입니다.

본서는 개혁주의생명신학 7대 실천운동이 삶 속에서 생명을 살리는 신학으로 자리매김을 하도록 안내하는 성경공부 교재입니다.

오직 하나님께 영광!

백석연구소 총서 5-4

생명을 살리는 성경공부 4

개혁주의생명신학 7대 실천운동 : 영적생명운동

발행일 2019년 10월 25일 초판 1쇄
지은이 장종현
발행처 백석정신아카데미
충청남도 천안시 동남구 문암로 76
전화: 041)550-2090 팩스: 041)550-0450
문제출제 장성진(백석대학교 기독교학부)
펴낸곳 기독교연합신문사(도서출판 UCN)
등록번호: 제21-347호 등록일자: 1992년 6월 28일
주소: 서울특별시 서초구 남부순환로 2221 5층
전화: 02)585-0812 팩스: 02)585-6683
전자우편: ucndesign@naver.com
디자인·인쇄 기독교연합신문사 디자인실
ISBN 978-89-6006-911-4 93230

생명을 살리는 성경공부 4

개혁주의생명신학 7대 실천운동

영적생명운동

상송현 지음

도서출판 UCN

4. 영적생명운동

교회와 세상을 변화시키는 개혁주의생명신학 7대 실천운동 되어야

제가 2010년 5월 21일에 총회의 목회자와 신학자, 성도들이 함께한 자리에서 '개혁주의생명신학 선언'을 하게 된 것은 성경의 권위를 회복한 신학, 교회에 생명을 불어넣는 목회, 예수 그리스도의 인격을 닮은 성도들만이 한국교회를 회복할 수 있다는 확신 때문입니다. 한국교회는 평양 대부흥 운동으로 성령의 역사를 뜨겁게 체험하였지만, 선교 130여 년이 지난 지금 거룩한 신앙의 열정을 잃어버렸습니다. 교회가 하나님을 물질과 명예로 가두어 놓았고, 신학교가 하나님을 학문으로 가두어 놓았습니다. 오늘날 한국교회는 복음의 본질을 상실하였습니다.

그 결과 한국교회는 예수 그리스도의 생명이 나를 지배하는 믿음의 실상을 잃어버렸습니다. 개혁주의생명신학은 그리스도께서 내 안에 사시고 내가 그리스도 안에 사는 영적 삶을 통해 개혁주의 신학을 실천하는 운동입니다. 이는 새로운 신학을 만들려는 것이 아니요, 개혁주의신학에 생명을 불어넣음으로써 개혁주의신학을 활성화하려는 것입니다.

저는 개혁주의생명신학을 실천하기 위해 7대 실천운동을 제시했습니다. 이는 신앙운동과 신학회복운동, 회개용서운동, 영적생명운동, 하나님나라운동, 나눔운동, 기도성령운동입니다. 이번에 발간되는 『생명을 살리는 성경공부』는 개혁주의생명신학 7대 실천운동을 쉽게 이해하고 그것을 삶에 적용할 수 있도록 작성된 성경공부 교재입니다. 금번 이 책을 발간한 목적은 개혁주의생명신학 7대 실천운동이 단지 구호로만 그치지 않고, 성도들의 생활 속에서 실천되도록 안내하는 데 있습니다. 실천이 왜 그토록 중요합니까? 한국교회가 예수님을 머리로만 알려고 하고 순종하지 못하기 때문입니다.

우리가 예수님의 생애에 대해서 안다고 해서 믿음이 있는 것은 절대로 아닙니다. 성경 66권을 다 외우고, 신학을 논리적으로, 체계적으로 가르친다고 해서 믿음이 있는 것도 아닙니다. 서기관과 바리새인들도 성경을 많이 알고 있었지만 예수님을 믿지 않았습니다. 믿음은 마음으로 믿고 순종하는 것입니다. 로마서 10장 10

절에 "사람이 마음으로 믿어 의에 이르고 입으로 시인하여 구원에 이르느니라"고 말씀합니다. 참된 믿음은 행함 즉 실천을 요구합니다. 야고보서 2장 17절은 "이와 같이 행함이 없는 믿음은 그 자체가 죽은 것이라"고 말씀합니다. 영적 생명이 회복된 사람만이 순종할 수 있고, 순종하는 사람만이 참된 믿음을 가진 사람입니다.

이미 출판된 『백석학원의 설립정신』(2014년)과 『개혁주의생명신학 선언문』(2017년), 『개혁주의생명신학 7대 실천운동』(2018년)과 함께 오늘 발간되는 『생명을 살리는 성경공부』(2019)는 신학은 학문이 아니라 영적 생명을 살리는 복음이며, 나아가 교회와 세상을 변화시키는 마중물이 되어야 한다는 개혁주의생명신학의 근본 취지를 드러내고 있습니다. 아무쪼록 우리 총회와 백석학원이 한국교회와 세계교회를 새롭게 변화시키는 데 중심 역할을 감당하며, 나아가 제2의 종교개혁의 거룩한 불씨를 던져 생명을 살리는 진원지 역할을 감당하는 일에 조금이나마 도움이 되기를 바라는 마음을 담아 본 교재를 세상에 내놓습니다.

2019년 11월 1일
(백석학원 설립 43주년에 즈음하여)

백석대학교 · 백석문화대학교 · 백석예술대학교
백석대학교평생교육신학원 · 기독교연합신문사

설립자 장종현 박사

1

영적생명운동 | 첫째주

우리 안에 영적 생명을 회복하려면

핵심 성경구절

"내가 네 행위를 아노니 네가 차지도 아니하고 뜨겁지도 아니하도다 네가 차든지 뜨겁든지 하기를 원하노라"(계 3:15).

오늘날과 같이 죄의 경각심이 무너지는 시대 상황이 된 근본 원인은 바로 세상의 소금과 빛의 역할을 감당해야 할 교회와 신자들이 교회의 본질과 속성을 잃어버린 데 있습니다. 교회가 다시 살아나는 길은 예수 그리스도의 생명을 회복하는 것밖에는 없습니다. 그렇게 되기 위해서는 성령께서 말씀을 통해 우리 마음에 불을 일으켜 주셔야 합니다. 말씀이 내 안에서 생명이 되어야 합니다.

- 『개혁주의생명신학 7대 실천운동』, 84.

week

01 우리 안에 영적 생명을 회복하려면

1. 성경에서 말하는 오늘날 그리스도인이 감당해야 할 역할은 무엇입니까?

마 5:13-14 ____________________

오늘날 한국교회에 대한 긍정보다는 부정적인 시각의 원인은 참된 그리스도인으로서의 본질과 속성을 잃어버렸기 때문입니다. 우리가 지금 말씀으로 변화되지 않으면, 소금이 맛을 잃으면 또한 한국교회도 버려질 것입니다. 하지만 한국교회가 잃어버린 교회의 역할과 그리스도인으로서의 모습을 말씀으로 회복한다면 어둠으로 빛을 가릴 수 없고 빛이 모든 것을 밝히 비추듯이 하나님의 뜻을 세상 가운데 드러낼 수 있을 것입니다.

예수 그리스도의 영을 회복하는 삶

2. 생명력을 잃어버린 신앙인의 모습은 어떤가요?

마 6:5 ____________________

하나님은 사람의 중심을 보시지만 세상은 겉모습으로 판단합니다. 생명력을 잃어버린 신앙인은 하나님의 방법이 아닌 세상의 방법으로 살아갑니다. 하나님보다 사람을 더 의식하고 두려워하는 신앙생활이 오늘날 생명력을 잃어버린 신앙인의 모습입니다.

3. 잃어버린 생명력을 회복하기 위해서는 어떻게 해야 하나요?

마 6:9-10 ____________________

사람들을 의식하는 신앙생활이 아니라 하나님을 향한 신앙의 본질을 회복해야 합니다. 우리의 기도의 목적은 사람들에게 나의 신앙을 보여 주기 위함이 아닙니다. 참된 신앙생활은 하나님의 뜻을 구하는 기도에서 시작됩니다.

○ 예수 그리스도의 복음을 받아들이는 삶

4. 복음을 받아들이는 삶은 어떤 삶일까요?

살전 5:10-11 ....

....

....

예수님의 존재는 인정하지만 예수님의 십자가 사건이 우리를 위한 사건임을 믿지 못하는 사람들이 많이 있습니다. 예수 그리스도, 즉 복음을 받아들이는 삶은 우리를 위하여 죽으시고 부활하신 예수님을 믿고, 언제나 예수님과 동행하는 삶입니다. 복음을 받아들이면 예수님께 받은 구원의 은혜를 기억하고 권면과 넉을 세우며 예수님의 사랑을 나누는 모습이 삶 가운데 나타납니다.

5. 복음을 받아들여 변화된 삶은 어떠한 모습인지요?

마 28:18-20 ……………………………………………………………………

……………………………………………………………………………………

……………………………………………………………………………………

……………………………………………………………………………………

……………………………………………………………………………………

복음을 받아들임으로 영적 생명을 소유한 사람만이 복음을 전할 수가 있습니다. 말과 행동이 다르고, 신앙과 삶의 모습이 다른 이중적인 모습이 아니라, 삶 속에서 생명력 있는 일치된 신앙의 모습으로 열매 맺는 삶을 살아야 합니다. 내 안에 생명력 있는 복음을 받아들인 사람은 세상 끝날까지 항상 함께하시는 하나님과 그 복음을 전하기 위해 복음으로 변화되어 복음으로 살아가는 모습을 보입니다.

복음대로 실천하는 삶

6. 구원의 확신이 있습니까?

요 3:16 ______________________________

____

____

우리의 신앙생활은 구주를 고백하는 데서부터 시작됩니다. 우리가 주님이라고 고백하는 그분에 대해서 확실하게 알아야 할 것입니다. 기복신앙에 빠져 습관적으로 종교생활을 하는 것이 아니라, 우리를 위해서 십자가에 달리신 독생자 예수님을 통한 구원의 확신을 우리의 입으로 고백하고 이에 걸맞는 삶을 살아야 합니다.

7. 구원의 확신을 가지고 실천하는 삶을 살고 있습니까?

요 3:20-21 ______________________________

____

예수 그리스도를 우리의 구주로 고백하는 참된 신앙을 가진 사람은 기도로 하나님과의 참된 소통을 하여 항상 성령 충만해야 합니다. 성령 충만할 때에 잃어버린 영적 생명이 회복되고 생명력이 있는 모습이 나타납니다. 살아 있는 복음의 능력을 소유한 사람만이 복음을 전할 수 있습니다. 이 복음을 전할 때 우리는 세상의 빛과 소금의 역할을 감당할 수 있습니다.

NOTE

핵심 포인트

우리 삶의 기준은 다른 것에 있는 것이 아니라 오직 말씀과 기도에 있음을 기억해야 할 것입니다. 오직 예수 그리스도만이 우리의 소망이십니다. 우리가 기억하며 항상 추구해야 할 영적 생명의 회복을 위해 노력해야 할 것입니다. 이를 회복하기 위해서는 성령 충만해야 합니다. 성령으로 충만하기 위해서는 예수 그리스도의 영을 회복하고, 복음을 받아들여 복음대로 실천하는 삶을 살아가야 합니다.

한 주간 기도

주님이라고 고백하지만 아직도 작은 것에 얽매어 주님을 바라보지 못함을 고백하오니 용서하여 주옵소서. 온전히 주님을 바라보고 잃어버린 생명력을 회복하게 하소서. 그리하여 성령 충만함으로 날마다 승리하는 삶을 살아가게 하소서.

week

01 우리 안에 영적 생명을 회복하려면

한 주간의 실천

말씀의 거울로 본 나의 삶	월	화	수	목	금	토	주일
1. 세상에서 빛과 소금의 삶을 살기 위해 어떤 노력을 하고 있는가? 빛과 소금의 삶을 실천하다가 미움을 받거나 어려움을 당한 일이 있다면 기록해 보자. 예) 잘못된 관행 바로잡기, 자신에게 손해가 되는 일이 있더라도 정의 편에 서는 용기, 선한 영향력을 주는 삶 등….							
2. 나는 잃어버린 생명력을 회복하기 위해 날마다 성령 충만하기를 기도했는가?							
3. 구원의 확신이 있는 가운데 복음을 전하는 삶을 살았는가? 전도 대상을 만나서 직접 전하거나, 좋은 신앙서적, 신앙간증이 담긴 유튜브를 보내거나 복음의 핵심을 전하는 모임에 초대할 수도 있다.							

영적생명운동 | 둘째주

2 하나님과의 관계 회복하기

핵심 성경구절

"너희는 처음부터 들은 것을 너희 안에 거하게 하라 처음부터 들은 것이 너희 안에 거하면 너희가 아들과 아버지 안에 거하리라"(요일 2:24).

참된 생명, 영원한 생명은 오직 예수님 안에 있습니다. 예수님이 '영원한 생명'입니다. 우리가 이 말씀을 통해서 생명이신 예수님을 영접하는 것은 영원히 살기 위한 것입니다. 복음은 이 생명을 전하는 것입니다. 참된 성도는 하나님 말씀과 기도, 믿음을 통해 성령의 역사를 경험해야만 영적인 것을 전할 수 있습니다. 심령이 하나님의 말씀과 성령의 역사로 깨어지고 부서져야 그를 통해 예수님의 생명이 흘러넘쳐 나갈 수 있습니다.

-『개혁주의생명신학 7대 실천운동』, 86.

1. 영원한 생명이신 주님을 어떻게 만날 수 있습니까?

요엘 2:24 ....

....

주님을 만나기 위해서는 진리가 되시는 예수님의 생명의 복음을 들어야 합니다. 더 나아가 듣는 것으로 끝나는 것이 아니라 그 말씀대로 삶 속에서 적용하며 열매를 맺어야 합니다. 이와 같이 말씀대로 순종하며 실천하는 삶을 통해 우리는 주님을 만날 수 있습니다. 이 만남을 통해 우리는 주님 안에 거하고 우리 안에 거하시는 성령의 역사하심으로 주와 동행할 수 있습니다.

○ 기도 가운데 만나는 하나님

2. 우리의 기도생활은 어떠한가요?

눅 22:44-46 ....

대인관계에 있어서 가장 중요한 것은 사람들 간에 소통입니다. 서로 시간을 같이 보내고 대화함으로써 사람들과 더욱 가까워질 수 있습니다. 기도는 하나님과 소통하는 것입니다. 하나님과의 관계에 있어서 가장 중요한 것은 우리의 시간을 주님께 드리는 것입니다. 말씀을 통해 주님을 알아가고 기도를 통해 주님과 대화의 시간을 지속적으로 가져야 합니다.

3. 우리의 기도를 들으시는 분은 누구신가요?

시 116:1-2

'대화는 캐치볼'이라는 말이 있습니다. 대화는 일방적으로 한 사람이 다른 사람에게 말하는 것이 아니라, 두 명이 공을 서로 주고

받듯이 양방향으로 이루어지기 때문입니다. 기도도 이와 같습니다. 우리의 기도는 하나도 땅에 떨어지지 않습니다. 예수님의 이름으로 드리는 우리의 모든 기도는 주님께서 들으십니다. 우리의 간구를 들으시고, 우리의 기도에 귀 기울이시며 응답해 주시기 때문에 우리는 평생 기도할 수 있습니다.

○ 말씀으로 인도받는 삶

4. 하나님과의 만남은 어떻게 가능합니까?

롬 10:8-10 ______________________________

____

____

____

____

매주 하루 교회에 나와서 성경을 보고 듣는 것을 넘어 매일의 삶 속에서 주의 말씀을 사모하고 주의 말씀을 가까이 해야 합니다. "하나님을 가까이하라 그리하면 너희를 가까이 하시리라"는 야고보서 4장 8절 말씀처럼 하나님을 가까이할 때 주의 말씀이 내 안에 살아 생명력 있게 역사하여 우리의 마음이 뜨거워질 것입니다. 머리로만 이해하는 말씀이 아니라 내 입술로 고백할 때 우리는 주님과 만날 수 있습니다.

5. 하나님의 말씀이 내 삶을 어떻게 인도합니까?

시 18:28 --

등불이 한 걸음, 한 걸음 앞을 비추듯이, 우리는 진리이신 주님을 붙잡고 한 걸음, 한 걸음 인도해 주는 주님을 따라가야 합니다. 죄로 인해 어두움 가운데 있는 우리는 빛이 어두움을 몰아내고 밝게 빛나듯 말씀 안에 거하고 말씀대로 살아감으로 하나님의 인도하심을 경험할 수 있습니다. 이런 주의 인도하심만이 우리의 유일한 소망입니다.

성령으로 충만한 삶

6. 내가 추구해야 하는 삶의 모습은 무엇인가요?

엡 5:18 ______________________________

세상 가운데 살아가는 우리는 세상에 취해 살아갈 때가 많이 있습니다. 하나님과 만나 소통하며 살아가기보다는 세상과 소통하며 가까이 지내는 것에 익숙해져 있습니다. 하지만 주님은 다른 것이 아니라 오직 성령으로 우리의 삶을 채우라고 말씀하십니다. 우리가 주님의 말씀을 따르고 기도할 때 성령께서 역사하십니다. 이렇게 성령과 함께하는 삶이 우리가 매일의 삶 속에서 추구해야 하는 모습입니다.

7. 우리가 신앙생활 가운데 회복해야 하는 것은 무엇인가요?

갈 5:22-23 ______________________________

____

말씀에 기초하고 기도로 하나님의 뜻을 구하며 살아가는 그리스도인들은 삶 속에서 많은 열매를 맺습니다. 하지만 오늘날 사람들이 기독교인에게 부정적인 시선을 가지게 된 큰 이유 중 하나가 우리 안에 열매가 없기 때문입니다. 우리가 다시 열매를 맺기 위해 가장 중요한 것은 잃어버린 영적 생명을 회복해야 합니다. 오직 성령님의 도우심을 구하며 하나님의 뜻 안에서 살아갈 때 우리는 삶 속에서 성령의 열매를 맺을 수 있습니다.

NOTE

핵심 포인트

세상에서는 혈연, 지연, 학연을 필수 조건이라고 합니다. 다시 말하면 성공하기 위해서는 자기 스스로의 재능이나 노력도 중요하지만 누군가와의 관계와 만남이 더 중요하다는 것입니다. 하지만 우리는 다른 누군가와의 관계를 통해 거기에 기대서 살아가기보다는 오직 하나님만을 의지하며 살아가야 합니다. 하나님과의 만남 그리고 하나님과의 관계가 우리에게는 가장 중요하고 필요한 것입니다. 하나님과의 만남은 말씀을 묵상함으로, 기도로 간구함으로, 성령 충만함으로 가능합니다. 하나님과의 만남으로 잃어버린 영적 생명을 다시금 회복해야 합니다.

한 주간 기도

주님, 내가 다른 것에 의지하며 살아가지 않고 오직 주님만 의지하며 살아가게 하옵소서. 주님과의 진정한 만남을 통하여 영원한 생명을 누리게 하시고, 언제나 주님과 동행하는 삶을 살아가게 하소서.

week
02 하나님과의 관계 회복하기

한 주간의 실천

말씀의 거울로 본 나의 삶	월	화	수	목	금	토	주일
1. 오늘, 하나님과 동행하며 그분과 가까이 하는 삶을 살았는가?							
2. 오늘 내가 하는 모든 일들 가운데 하나님의 인도하심을 구했는가?							
3. 주님과 소통하기 위해 노력했는가? 말씀을 통해 주님을 알아가고 기도를 통해 주님과 대화의 시간을 지속적으로 갖고 있는지 돌아보자.							

영적생명운동 | 셋째주

3 생명력 있는 삶

핵심 성경구절

"이는 그리스도 예수 안에 있는 생명의 성령의 법이 죄와 사망의 법에서 너를 해방하였음이라"(롬 8:2).

하나님의 영광을 위한 거룩한 삶은 하나님의 말씀이 우리를 지배해야 가능합니다. 예수 그리스도의 영이 말씀을 통해서 나를 지배해야 그 생명이 내 안에 머물고, 나를 통해서 생명의 역사가 나타납니다. 예수님이 이 땅에 오신 이유는 양무리 같은 우리에게 영적 생명을 주시기 위함이었습니다. 우리가 영서 생명을 받으면 우리의 삶이 풍요로워집니다. 영적으로 풍요로워질 뿐 아니라, 육적으로도 생명력이 넘치는 삶을 살게 됩니다.

- 『개혁주의생명신학 7대 실천운동』, 89.

1. 하나님의 영이 충만한 삶은 무엇인가요?

엡 1:23 --

남을 나와 같이 여기며 하나님의 말씀과 사랑으로 하나 되었던 초대교회 모습을 보며 많은 이들이 복음을 받아들였습니다. 이런 초대교회처럼 매일 같은 마음으로 예배를 드리며 가진 것을 나누는 모습이 하나님의 영이 충만한 삶의 모습입니다.

○ 예수님의 생명이 머무는 삶

2. 예수님의 생명을 가진 사람들의 삶의 모습은 어떤 모습일까요?

수 1:8 --

생명을 가진 사람들은 생명력 있는 모습으로 살아갑니다. 예수님은 길이요 진리요 생명이십니다. 예수님의 생명을 가진 사람들은 생명 되시는 예수님의 말씀을 삶의 중심에 모시고 기억하며, 순종하는 삶을 살아갑니다.

3. 생명력 있는 신앙 공동체는 어떤 모습을 가지고 있을까요?

행 2:46-47 ______________________

____

____

____

____

하나님의 성전이라는 그리스도인들은 생명력 넘치는 하나님의 영이 충만하도록 말씀과 기도로 거룩해지기 위해 노력해야 합니다. 만물을 충만하게 하시는 하나님의 영이 거하시는 신앙 공동체는 예수님의 생명으로 충만해지고, 공동체를 넘어 세상을 향해 예수님의 빛을 밝히 비출 것입니다.

예수님의 생명이 나타나는 삶

4. 예수님은 왜 십자가에 달리셨나요?

롬 8:1-2 ____________________

____

____

우리의 힘과 능력으로는 절대로 죄의 문제를 해결할 수 없습니다. 죄의 삯은 사망이라는 말씀처럼 죄인인 우리는 영원히 죽을 수밖에 없는 존재입니다. 이와 같은 우리를 사망에서 영원한 생명으로 인도해 주시기 위해서 예수님께서는 십자가에 달려 돌아가셨습니다. 그것은 우리를 향한 하나님의 사랑입니다.

5. 죄 사함 받은 우리는 무엇을 삶의 기준으로 살아야 합니까?

딤후 3:16 ____________________

____

예수님의 십자가 사건이 나를 위한 사건임을 믿음으로 고백함으로써 죄로부터 자유함을 얻었습니다. 죄 사함 받은 우리는 잃어버린 하나님의 형상을 회복하여 하나님께서 창조하신 목적대로 살아갈 수 있게 되었습니다. 그것은 하나님께서 우리에게 지키라고 명령하신 하나님의 말씀대로 살아갈 때 가능합니다. 하나님의 말씀은 우리 삶에 유일한 기준입니다.

하나님께 영광 돌리는 거룩한 삶

6. 우리 삶의 목적은 무엇인가요?

고전 10:31 ....

....

하나님을 나의 주님이라는 신앙고백을 통해 삶의 중심이 내가 아니라 주님께 있음을 인정합니다. 내가 주인이 아닌 하나님이 주인 되시는 삶이 되도록 나의 유익을 구하지 않고 먼저 그의 나라와 의를 구하며 무엇을 하든지 하나님의 영광을 위해 살아가는 것이 우리의 삶의 이유이자 목적임을 항상 기억해야 합니다.

7. 예배란 나의 삶에 어떠한 의미인가요?

롬 12:1 ....

....

예배는 우리의 구원자 되시는 하나님을 향한 우리의 신앙 고백이자 감사의 고백입니다. 형식적으로 일주일에 한번 교회에 나가 한 시간씩 예배당에 앉아 있다 오는 습관적인 종교생활에서 벗어나야 합니다. 우리는 주일에 영이신 하나님께 신령과 진정으로 예배드림으로써 주님이 우리에게 주시는 말씀으로 변화되어 한주간 동안 생명력 있는 삶의 예배를 드리기 위해 노력해야 합니다.

핵심 포인트

우리 삶의 주인은 예수님입니다. 주인 되신 예수님의 말씀대로 살아가는 것이 우리의 의무이자 역할입니다. 말씀대로 살아갈 때 예수님의 생명이 우리 안에 머무르고 생명의 역사가 나타나며 오직 하나님께 영광 돌리는 거룩한 삶의 모습이 우리 안에 나타날 것입니다.
영적 생명은 오직 하나님의 말씀 안에 거하여 말씀으로 회복될 때에 우리 가운데 풍성히 나타납니다. 그리하여 말씀과 말씀 그 자체이신 예수님을 통해 변화됨으로 주님이 주신 영적 생명을 가지고 하나님께 영광을 돌리는 삶을 살아야 합니다.

한 주간 기도

'오직 성경'이라는 외침이 입술에만 머물지 않고 우리의 삶 속에서 실천해 열매 맺게 하옵소서. 말씀의 능력이 삶 가운데 나타나도록 늘 말씀을 묵상하며 삶 속에서 실천하게 하소서.

한 주간의 실천

말씀의 거울로 본 나의 삶	월	화	수	목	금	토	주일
1. 말씀대로 살아갈 때 예수님의 생명이 내 안에 머물고 생명의 역사가 나타난다. 말씀을 묵상하며 말씀대로 살기 위해 노력했는가?							
2. 신앙 공동체를 위해 기도했는가? 내가 소속된 공동체뿐만 아니라 생각나는 신앙공동체가 있다면 영적, 정서적으로 건강한 공동체, 생명력 있는 공동체가 되도록 기도하자.							
3. 예배는 구원자 되시는 하나님을 향한 우리의 신앙 고백이자 감사의 고백이다. 내 삶의 주인이 예수님이심을 고백하며 주일 예배 외에 일상의 삶이 예배가 되도록 살고 있는가? 교회 밖의 생활신앙에 관심을 가져보자.							

영적생명운동 | 넷째주

4 영적 생명을 소유한 사람

핵심 성경구절

"살리는 것은 영이니 육은 무익하니라 내가 너희에게 이른 말은 영이요 생명이라"(요 6:63).

내 속에 그리스도의 영이 있어서 하나님의 말씀에 이끌림 받아 말씀을 새김질하여 영적인 말씀으로 살아가야 합니다. 그때에 비로소 우리 안에 회개와 용서가 있고, 사랑이 있으며, 눈물이 있습니다. 자기 속에 영적 생명력인 예수의 생명이 풍성하게 차고 넘치면 본인이 영적 생명으로 풍성합니다. 나아가 그것을 전할 수 있는 사람으로 성경대로 믿고, 성경대로 실천하는 영적 생명을 소유한 자의 삶을 살아야 합니다.

- 『개혁주의생명신학 7대 실천운동』, 91.

1. 하나님께 드리는 삶이란 무엇입니까?

딤후 2:15 --

우리는 언제나 하나님 앞에 서 있음을 기억해야 합니다. 삶 속에서 맞이하는 선택의 순간에 다른 기준을 가지고 판단하고 결정하는 것이 아니라 오직 말씀으로 분별하여 하나님의 뜻이 온전히 이루어질 수 있도록 노력해야 합니다. 이것은 오직 내 안에 살아 역사 하시는 성령님의 도우심으로만 가능합니다.

○ 진리의 말씀을 옳게 분별하는 삶

2. 세상과 구별되는 삶은 무엇입니까?

롬 12:2 --

하나님의 말씀이 우리의 신앙과 삶에 유일한 기준임을 고백하며 항상 노력해야 합니다. 그리스도인은 말씀에 기초하여 세상에 속해 있지만 세상과는 구별된 모습으로 세상의 방법이 아닌 주님의 방법으로 살아가야 합니다.

3. 우리는 하나님의 음성을 듣기 위해 어떻게 노력하고 있나요?

삼상 3:10 ....

....

....

어린 사무엘이 주님의 목소리에 응답할 때까지 부르셨던 주님은 지금도 우리를 부르고 계십니다. 하나님께서는 말씀을 통해 끊임없이 우리에게 하나님의 뜻을 드러내시지만, 우리는 그 말씀에 얼마만큼 귀를 기울이고 깨닫기 위해 노력하는지 생각해 보아야 합니다. 우리는 주님의 목소리에 귀를 기울이기보다는 다른 것에 귀를 기울이고 반응할 때가 많습니다. 우리가 듣고 응답해야 할 분은 주님 한 분입니다.

부끄러움 없는 일꾼의 삶

4. 하나님 앞에서 숨기고 싶은 것은 무엇인가요?

창 3:8 ______________________________

____

하나님의 형상으로 지은바 된 우리는 하나님의 모습을 닮기 위해 노력해야 합니다. 하지만 우리는 하나님의 모습을 닮아가는 삶을 살기보다는 내가 원하는 대로, 내 뜻대로 살아갑니다. 아담이 하나님의 말씀에 불순종하여 하나님을 피해 숨은 것처럼 우리는 잘못된 행동으로 주님 앞에서 숨으려고만 합니다. 우리는 언제나 주님 앞에서 부끄러움 없는 모습으로 살기 위해 노력해야 합니다.

5. 나의 삶의 주인은 누구인가요?

롬 14:8 ______________________________

____

종교개혁자들이 강조하였던 'Soli deo Gloria'(솔리 데오 글로리아) 즉, '오직 하나님께 영광'과 같이, 우리의 삶의 궁극적인 목적은 하나님의 영광이어야 합니다. 우리는 삶을 통해 하나님의 영화로우심을 드러내야 합니다. 하나님께 영광을 돌려야 하는 이유는 온 세상을 창조하시고 다스리시는 하나님은 모든 영광과 찬양을 받으시기에 합당하신 분이시기 때문입니다.

영적 생명을 소유한 삶

6. 내 마음은 무엇으로 가득 차 있나요?

행 5:3-4 ______________________________

"내 아들아 나의 법을 잊어버리지 말고 네 마음으로 나의 명령을 지키라"는 잠언 3장 1절의 말씀처럼 우리의 마음을 하나님의 말씀으로 채우고 그 말씀대로 살아가기 위해 노력해야 합니다. 하지만 우리의 삶은 아나니아와 같이 탐욕과 탐심에 이끌리어 거짓된 삶으로 채워질 때가 많습니다. 우리의 마음을 하나님께 드림으로써 하나님께서 인도하시는 길로 나아가야 할 것입니다.

7. 내 안에 참된 생명이 있나요?

요 6:63 ____

기독교의 핵심은 생명을 살리는 일에 있습니다. 하나님의 자녀된 우리들도 예수님으로 말미암아 새 생명을 얻었습니다. 성경대로 믿고 실천하는 영적 생명을 소유한 사람은 생명을 나누는 삶을 위해 나아갑니다. 이 참된 생명을 가지고 있는 사람만이 생명의 복음을 전할 수 있습니다. 우리와 항상 동행하시는 하나님과 함께, 우리가 더불어 살아가는 이웃과 함께, 그리고 너와 내가 함께하는 모습이야말로 참된 생명을 가진 하나님의 자녀의 삶의 모습입니다.

핵심 포인트

호세아서 4장 6절은 '하나님을 아는 지식'에 대해 "내 백성이 지식이 없으므로 망하는도다 네가 지식을 버렸으니 나도 너를 버려 내 제사장이 되지 못하게 할 것이요 네가 네 하나님의 율법을 잊었으니 나도 네 자녀들을 잊어버리리라"고 말씀합니다. '하나님을 아는 지식'은 하나님에 대해 이해할 뿐만 아니라, 하나님을 사랑하고 경외하는 것을 의미합니다. 이 모든 것은 영적 생명을 소유할 때 가능하고, 영적 생명은 오직 성령의 도우심으로만 우리 안에 충만할 수 있습니다. 영적 생명이 우리 안에 가득할 때 우리는 진리의 말씀을 옳게 분별하여 부끄러울 것이 없는, 인정받은 일꾼으로 하나님께 영광 돌리는 삶을 살 수 있습니다.

한 주간 기도

주님 앞에서 언제나 인정받은 종으로써 부끄러움 없는 삶을 살아가게 하옵소서. 영적 생명을 소유한 자로 더 풍성한 영적 생명을 전하고 나누는 삶을 통해 오직 하나님께 영광 돌리는 삶을 살아가도록 항상 인도하여 주옵소서.

한 주간의 실천

말씀의 거울로 본 나의 삶	월	화	수	목	금	토	주일
1. 오늘 나는 하나님께서 기뻐 받으시는 삶을 살았는가? 영적 생명을 소유한 자로서 세상과 구별된 삶을 살기 위해서 내 안에 살아 역사하시는 성령님의 도우심을 구해야 한다.							
2. 오늘 나는 삶의 기준을 하나님께 두고 살았는가? 하나님의 뜻을 따라 그분을 닮아가려고 하기보다 내 뜻대로 살아가기가 쉽다. 내 뜻을 하나님의 뜻이라고 합리화하고 있지는 않은지 깊이 생각해 보자.							
3. 우리의 삶의 궁극적인 목적은 하나님께 영광을 돌리는 삶이어야 한다. 매사에 하나님께 영광 돌리는 것을 삶의 목적으로 두고 살았는가?							

개혁주의생명신학
7대실천운동 해설

4. 영적생명운동

복음으로 예수 그리스도의 영을 회복하자

4. 영적생명운동

'영적생명운동'은 예수 그리스도의 복음으로 사람을 변화시키며, 우리 속에 그리스도의 영을 회복시키자는 운동입니다. 개혁주의생명신학은 이론의 전달이나 도덕적 감화가 아니라 예수 그리스도의 복음을 통한 영적 생명의 회복을 추구하는 영적생명운동입니다. 영적생명운동을 바르게 실천하기 위해서는 먼저 하나님을 전인격적으로 알아야 하며, 하나님과 올바른 관계를 이루어야 합니다. 인간의 근본적인 문제를 해결해 주실 수 있는 분은 오직 예수 그리스도밖에 없습니다.

왜냐하면 인간의 근본적인 문제는 죄로 인한 하나님과의 단절인데, 그 문제를 해결해 주실 분은 오직 예수님밖에 없기 때문입니다. 예수 그리스도의 영이 말씀을 통해 나를 지배해야 그 생명이 내 안에 머물고, 나를 통해서 생명의 역사가 나타납니다. 사람을 변화시키고 영적 생명을 살리는 교육은 오직 하나님의 말씀에 의해서만 가능합니다. 하나님이 함께하는 백석학원을 통해 수많은 젊은이들에게 그리스도의 영적 생명을 심어 주는 것이 백석학원이 존재하는 가장 중요한 이유입니다.

1. 핵심 성경구절

"살리는 것은 영이니 육은 무익하니라 내가 너희에게 이른 말은 영이요 생명이라"(요 6:63).

2. 서언

많은 사람들은 건강을 위해, 더 나아가 생명을 유지하기 위해 많이 노력합니다. 하지만 영적인 건강을 위해서 육적인 건강을 위하는 만큼 관심을 갖거나 노력을 기울이지 않습니다. 육적인 건강과 영적인 건강 모두 스스로의 노력으로 어느 정도 유지할 수 있지만, 건강을 잃었을 때는 스스로 치료할 수는 없습니다. 환자도 마찬가지입니다. 환자가 스스로 고칠 수는 없습니다. 환자는 의사에게 가야 합니다.

성경은 우리 모두가 죄인이며 의인은 하나도 없다고 말씀합니다. "기록된바 의인은 없나니 하나도 없으며"(롬 3:10). 우리에게 스스로 치료할 능력이 없습니다. 윤리나 도덕을 배웠다고 해서 우리가 나아질 수는 없습니다. 우리는 근본적으로 부패했기 때문입니다. 우리가 변화되기 위해서는 그리스도의 영, 즉 성령께서 우리에게 오셔야 합니다. 성령 하나님께서 우리 속에 오셔서 우리를 변화시켜 주셔야 비로소 우리는 변화될 수 있습니다. 그 변화는 우리의 내적 변화에 그치지 않고 우리의 삶과 환경에도 영향을 미치게 됩니다. 예수 그리스도의 복음 외에는 우리를 살릴 수 있는 것이 아무것도 없습니다. 복음을 아직 받아들이지 않는 자는 복음을 어서 빨리 받아들여야 합니다.

기독교의 핵심은 생명을 살리는 일에 있습니다. 성경은 우리가 예수 그리스도를 통해 구원받기 전에는 영적으로 죽은 자들이었다고 말씀합니다. "그는 허물과 죄로 죽었던 너희를 살리셨도다"(엡 2:1). 아무리 성경의 내용을 잘 알고, 기독교에 대해 이론적으로 통달했다고 할지라도 영혼이 죽은 상태에 있다면 아무 소용이 없습니다. 영적으로 깨어 있는 하나님의 사람들이 될 수 있도록, 하나님의 생명을 소유할 수 있도록 너와 내가 함께 노력해야 합니다.

3. 영적생명운동의 정의

개혁주의생명신학 7대 실천운동 제4항인 '영적생명운동'은 예수 그리스도의 복음으로 사람을 변화시키며, 우리 속에 그리스도의 영을 회복시키자는 운동입니다. 예수 그리스도의 복음을 받아들이지 않은 자는 영적으로 죽은 자이므로 그들에게 복음을 전하여 영적 생명을 얻도록 해야 합니다. 복음을 받아들인 자들은 자신이 영적으로 거듭난 자임을 믿고 확신하며 복음대로 실천하는 삶을 살아야 합니다. 이론을 전달하거나 도덕적 감화를 끼치는 것이 아닙니다. 예수 그리스도의 복음을 통해 하나님을 바로 앎으로 영적 생명의 회복을 추구하는 것이 바로 영적생명운동입니다.

인간의 근본적인 문제를 해결해 주실 수 있는 분은 오직 예수 그리스도밖에 없습니다. 인간의 근본적인 문제는 죄로 인한 하나님과의 단절인데, 그 문제를 해결해 주실 분은 오직 예수님밖에 없기 때문입니다. 우리가 나 자신과 교회, 세상을 살리려면 육으로만은 되지 않습니다. 육은 영적인 생명을 살리는 일에는 무익합니다. 육적인 것을 통해서는 어떤 영적인 변화도 일어나지 않으며, 육적인 지식을 통해서는 어떤 회개와 개혁도 일어나지 않습니다.

더욱 큰 문제는 육적인 것을 영적인 것으로 알고, 거기서 그쳐 버리고 만다는 사실에 있습니다. 신학을 단지 학문으로만 연구하고, 말로만 개혁하며, 자신은 영적으로 죽어 있는데 남을 살리겠다고 하는 것입니다. 예수님께서는 '살리는 것은 영'이라고 말씀하셨습니다. 죄를 이기게 하고, 악을 버리고 선을 택하며, 하나님의 뜻에 순종할 수 있게 하는 능력은 오직 성령의 능력입니다.

우리는 성령의 이와 같은 능력을 통해 영적인 생명력을 회복해야 합니다. 어떻게 영적인 생명력을 회복할 수 있겠습니까? 하나님의 말씀을 바로 아는 것, 즉 '영이요, 생명인 하나님의 말씀'을 회복할 때 영적인 생명력을 회복할 수 있습니다. 예수님께서는 영으로 살리시는 그 강력한 능력이 그분의 말씀에서 나온다고 말씀하셨습니다.

교회가 다시 살아나는 길은 예수 그리스도의 생명을 회복하는 것밖에는 없습니다. 참된 생명, 영원한 생명은 예수님 안에 있습니다. 예수님이 '영원한 생명'입니다. 말씀을 통해서 생명이신 예수님을 영접하여 영원히 살아야 합니다. 이것은 하나님의 말씀이 우리를 지배해야만 가능합니다. 예수 그리스도의 영이 말씀을 통해서 나를 지배해야 그 생명이 내 안에 머물고, 나를 통해서 생명의 역사가 나타납니다.

하나님과의 올바른 관계가 이루어지면 다른 모든 문제는 하나님께서 친히 해결해 주실 것이라고 믿습니다. 요한삼서 1장 2절은 "네 영혼이 잘됨같이 네가 범사에 잘되고 강건하기를 내가 간구하노라"고 말씀하고 있기 때문입니다. 영적인 문제가 해결되지 않은 채 지엽적인 문제에 아무리 매달려 보아야 그것은 근본적인 해결책이 되지 못합니다. 모든 문제의 근원을 해결해 주실 분은 오직 우리 주 예수 그리스도뿐이십니다.

4. 현재 교회와 기독교인들의 문제점들

1) 교회의 문제

한국교회의 근본 문제는 영적 생명을 잃어버린 데 있습니다. 일부 목회자들의 영적 타락으로 인해 사회적 지탄을 받고 있으며, 생명을 살리는 복음적 설교가 사라지고 있습니다. 또한 성도들도 십자가와 부활, 내세 소망이 없는 세속적 설교에 길들여져 회개와 변화를 잃어버렸습니다.

영적 지도자는 영적 생명을 자신이 맡은 양무리에게 나누어 줄 수 있는 사람이어야 합니다. 예수님은 이런 점에서 참된 영적 지도자였습니다. 예수님이 이 땅에 오신 이유는 양무리 같은 우리에게 영적 생명을 주시기 위함이었습니다. 우리가 영적 생명을 받으면 우리의 삶이 풍요로워집니다. 영적으로 풍요로워질 뿐 아니라, 육적으로도 생명력이 넘치는 삶을 살게 됩니다. 참된 사역자는 자기 속에 영적 생명력인 예수의 생명이 풍성하게 차고 넘치는 사람입니다. 그리고 본인이 영적 생명으로 풍성할 뿐 아니라, 그것을 전달할 수 있는 사람이어야 합니다.

2) 개인의 문제

일부 신자들은 교회의 부정적인 모습을 보면서 교회를 떠나고 있습니다. 어떤 이들은 말씀에 귀를 기울이지 않고 눈과 귀를 즐겁게 하는 곳으로 관심을 돌리고 있습니다. 십자가의 절실한 사랑과 감사는 사라지고, 더 가지려고 하는 마음, 더 높은 자리에 앉고 싶어 하는 마음이 삶을 지배하여 죄에 대한 경각심이 무너지고 있습니다.

오늘날 이와 같은 시대 상황이 된 근본 원인은 바로 세상의 소금과 빛의 역할을 감당해야 할 교회와 신자들이 교회의 본질과 속성을 잃어버린 데 있습니다. 교회가 다시 살아나는 길은 예수 그리스도의 생명을 회복하는 것밖에는 없습니다. 그렇게 되기 위해서는 성령께서 말씀을 통해 우리 마음에 불을 일으켜 주셔야 합니다. 말씀이 내 안에서 생명화(生命化) 되어야 합니다.

사람들은 자신에게 생명이 있다고 생각합니다. 그러나 예수 그리스도의 복음을 받아들이지 않은 자는 영적으로 죽은 자입니다. 우리는 예수 그리스도의 복음에, 하나님의 말씀에 사로잡혀야 합니다. 성경이 우리를 개혁하도록 성경으로 돌아가야 합니다.

참된 성도는 하나님의 사랑으로 가득 찬 사람이고, 예수님의 진정한 사랑으로 가득 찬 사람입니다. 그 사람이 영적 생명이 가득 찬 사람입니다. 그 사람이 예수님의 사랑을 실천할 수 있는 사람이 됩니다. 만약 우리가 예수님의 생명을 나타낸다면, 예수님의 참 사랑을 나타낸다면, 우리를 만나는 영혼들은 영적으로 변화될 것입니다. 그 영혼이 영적 생명을 얻고, 비로소 변화되는 것입니다.

하나님의 말씀은 나를 위로하시고 참된 소망을 주십니다. 나의 죄를 용서하시고 깨끗하게 하십니다. 하나님의 말씀은 내 생각도 바꾸어 주십니다. 하나님의 말씀 속에 있는 생명의 성령의 법이 나를 죄와 사망의 법에서 해방시켜 주십니다.

5. 성경적 해법

참된 그리스도인은 하나님이 함께하시는 삶을 살면서 예수 그리스도의 영적 생명을 받아, 영적으로 살고 영적인 열매를 맺어야 합니다. 어떻게 해야 열매를 맺을 수 있겠습니까? 한 알의 밀알처럼 땅에 떨어져 썩어서 죽기까지 이르는 것처럼 나는 다 죽어야 합니다. 그래야 내 속에 있는 예수님의 생명이 살아납니다. 이것이 바로 영적생명운동을 삶 속에서 실천하는 모습입니다.

1) 영적생명운동은 하나님을 아는 운동이다

"영생은 유일하신 참 하나님과 그의 보내신 자 예수 그리스도를 아는 것이니이다"(요. 17:3). 하나님을 아는 것은 예수 그리스도를 아는 것입니다. 하나님을 아는 것은 영원한 생명을 얻는 것입니다. 영적생명운동은 사람들이 하나님을 알게 해서, 그 사람 속에 영적인 생명을 더욱 풍성하게 하는 운동입니다. 영적으로 풍성한 열매를 맺게 합니다.

참된 생명, 영원한 생명은 오직 예수님 안에 있습니다. 예수님이 '영원한 생명'입니다. 우리가 이 말씀을 통해서 생명이신 예수님을 영접하는 것은 영원히 살기 위한 것입니다. 복음은 이 생명을 전하는 것입니다. 참된 성도는 하나님 말씀과 기도, 믿음을 통해 성령의 역사를 경험해야만 영적인 것을 전할 수 있습니다. 심령이 하나님의 말씀과 성령의 역사로 깨어지고 부서져야 그를 통해 예수님의 생명이 흘러넘쳐 나갈 수 있습니다.

하나님의 말씀은 엠마오로 가던 두 제자에게 영적 변화를 일으켰습니다. 예루살렘에서부터 멀리 떨어진 곳까지 걸어왔고, 때는 저물

어 밤이 되었습니다. 하지만 하나님 말씀으로 마음이 뜨거워진 그들은 더 이상 그곳에 머물 수가 없었습니다. 그들은 곧 그대로 일어나 예루살렘으로 돌아갔습니다. 부활하신 예수님을 만난 제자들은 자신들 속에 있는 참된 생명을 나누지 않고는 견딜 수가 없었던 것입니다. 이것이 바로 영적 생명을 가져 부활 신앙을 소유한 사람의 거룩한 변화입니다.

> "그들이 서로 말하되 길에서 우리에게 말씀하시고 우리에게 성경을 풀어 주실 때에 우리 속에서 마음이 뜨겁지 아니하더냐 하고 곧 그때로 일어나 예루살렘에 돌아가 보니 열한 제자 및 그들과 함께한 자들이 모여 있어"(눅 24:32-33).

사도 베드로에게는 별 다른 능력이 없었습니다. 그가 성문 앞에 있던 앉은뱅이를 고칠 때 어떤 지식으로 고치거나 어떤 신학으로 고친 것도 아닙니다. 그의 도덕과 윤리적 능력이나 인격으로 고친 것도 아니었습니다. 베드로는 은과 금은 없었지만, 나사렛 예수 그리스도의 이름이 있었습니다. 베드로 속에 예수님의 영이 충만했습니다. 바로 이것입니다. 예수님의 생명으로 충만한 것이 참으로 하나님을 아는 것이고, 예수님의 생명을 줄 수 있는 사람의 모습입니다.

스데반도 그랬습니다. 사도행전 7장에서 스데반은 순교 현장에서 돌에 맞아 죽으면서도 하나님의 사랑, 예수님의 사랑을 보여 줄 수 있었습니다. 예수 그리스도의 영이 그의 속에 있었기 때문에 가능했습니다. 그는 예수 그리스도에 대해서 듣고 배웠을 뿐 아니라, 예수의 영이 그 안에 거하는 예수의 사람이 된 것입니다. 이것이 중요합니다. 우리는 베드로나 스데반과 같은 그리스도인이 되어야 합니다.

이와 같이 하나님을 알고, 하나님과의 올바른 관계가 이루어지면 다른 모든 문제는 하나님께서 친히 해결해 주십니다. 사도행전 4장 12절은 "다른 이로써는 구원을 받을 수 없나니 천하 사람 중에 구원을 받을 만한 다른 이름을 우리에게 주신 일이 없음이라"고 말씀합니다. 영적인 문제가 해결되지 않은 채 지엽적인 문제에 아무리 매달려 보아야 그것은 근본적인 해결책이 되지 못합니다. 모든 문제의 근원, 또한 우리가 스스로 해결할 수 없는 구원의 문제를 해결해 주실 분은 오직 우리 주 예수 그리스도뿐이십니다.

2) 영적생명운동은 말씀으로 회복하는 운동이다

"살리는 것은 영이니 육은 무익하니라 내가 너희에게 이른 말은 영이요 생명이라"(요 6:63). 예수 그리스도의 영이 우리의 삶을 지배해야 우리는 성령의 열매를 맺을 수 있습니다. 우리가 죄를 이길 수 있는 다른 방법은 없습니다. 우리가 어떤 일과 맞닥뜨릴 때, 인간적이고 세상적인 방법에 매달려서 일을 해결하려고만 한다면 그 속에서 죄를 이기는 일은 결코 쉽지 않을 것입니다. 우리는 예수님의 영으로 지배를 받기 위해서 날마다 영적인 몸부림을 쳐야 합니다. 그러할 때 하나님께서 우리로 하여금 죄를 이기게 하시고, 좋은 열매를 맺게 해 주십니다.

하나님의 영광을 위한 거룩한 삶은 하나님의 말씀이 우리를 지배해야 가능합니다. 예수 그리스도의 영이 말씀을 통해서 나를 지배해야 그 생명이 내 안에 머물고, 나를 통해서 생명의 역사가 나타납니다. 예수님이 이 땅에 오신 이유는 양무리 같은 우리에게 영적 생명을 주시기 위함이었습니다. 우리가 영적 생명을 받으면 우리의 삶이 풍요로워집니다. 영적으로 풍요로워질 뿐 아니라, 육적으로도 생명력이 넘치는 삶을 살게 됩니다.

하나님의 말씀으로 돌아가는 것이 개혁주의입니다. 하지만 거기에 예수 그리스도의 생명이 없고, 성령의 역사도 없고, 기도가 없으면 절대로 말씀대로 행할 수가 없습니다. '오직 성경'(sola scriptura)을 외친다 해도 성경을 인간 이성의 잣대로 평가한다면, 하나님의 말씀이 우리 삶을 지배하지 못하게 됩니다. '오직 그리스도'(solus Christus)를 말하면서도 우리 삶 속에 그리스도께서 주인이 되시지 않으면, 우리의 신앙은 껍데기뿐인 죽은 신앙에 지나지 않습니다. '오직 믿음'(sola fide)으로 구원을 얻는다 하면서도 우리 자신이 성령 안에서 하나님을 전적으로 신뢰하지 않으면, 그것은 하나의 신념으로 추락하고 맙니다. '오직 은혜'(sola gratia)를 부르짖으면서도 우리가 자기 부인과 용서를 실천하지 않는다면 그것은 자기 자랑과 교만을 앞세움에 지나지 않습니다.

"육신의 생각은 사망이요 영의 생각은 생명과 평안이니라 육신의 생각은 하나님과 원수가 되나니 이는 하나님의 법에 굴복하지 아니할 뿐 아니라 할 수도 없음이라 육신에 있는 자들은 하나님을 기쁘시게 할 수 없느니라 만일 너희 속에 하나님의 영이 거하시면 너희가 육신에 있지 아니하고 영에 있나니 누구든지 그리스도의 영이 없으면 그리스도의 사람이 아니라"(롬 8:6-9).

하나님의 말씀이 우리의 가슴과 인격 속에 살아 있어야 합니다. 하나님의 말씀을 배울 뿐만 아니라, 그 말씀에 순종하기 위해 자신을 쳐서 복종시키려고 몸부림치며 경건의 피땀을 흘려야 합니다. 참된 그리스도인은 영적 생명이 없는 사람들, 죄인들에게 하나님의 사랑과 용서를 통해서 예수 그리스도의 영적 생명을 주는 사람입니다. 그리고 그 영적 생명이 풍성하게 되도록 내 생명을 쏟아 부어서 도와주어야 합니다.

예수님이 오신 이유는 양무리 같은 우리에게 영적 생명을 주시기 위해서입니다. 우리가 영적 생명을 받으면 우리의 삶이 풍요로워집니다. 영적으로 풍요로워지고, 육적으로도 생명력이 넘치는 삶을 살게 됩니다. 우리 안에 영적 생명이 충만하려면 하나님의 말씀을 들어야 합니다. 그분의 세미한 음성을 듣고 자기 속에 있는 죄와 악을 버려야 합니다. 그것을 부인해야 합니다. 그럴 때 개혁할 수 있습니다. 그럴 때 자신도 개혁하고 남도 개혁하는 것입니다.

무엇보다 성경을 많이 읽어야 합니다. 성경을 많이 읽다 보면 그 말씀 속에 있는 성령의 능력이 나에게 역사하기 시작합니다. 성령께서 내 눈을 열게 하고, 죄를 깨닫게 합니다. 나는 저항하지만 하나님의 말씀이 계속해서 나를 깨뜨립니다. 하나님의 말씀이 나를 위로하시고, 소망을 주십니다. 용서하시고 깨끗하게 하십니다. 하나님의 말씀이 내 생각을 바꾸어 주십니다. 하나님의 말씀 속에 있는 생명의 성령의 법이 나를 죄와 사망의 법에서 해방시키십니다.

3) 영적생명운동은 삶으로 믿음을 실천하는 운동이다

"내 백성이 지식이 없으므로 망하는도다 네가 지식을 버렸으니 나도 너를 버려 내 제사장이 되지 못하게 할 것이요 네가 네 하나님의 율법을 잊었으니 나도 네 자녀들을 잊어버리리라"(호 4:6). 성경에서 '하나님을 아는 지식'은 하나님에 대한 정보를 아는 것뿐만 아니라, 하나님을 사랑하고 경외하는 경건을 포함합니다. 구약 성경은 '하나님을 아는 지식'을 강조하고 있습니다. 하나님의 형상으로 지음받은 우리는 영적 생명이 회복되지 않으면 살 수 없습니다.

내 속에 그리스도의 영이 있어서 하나님의 말씀에 이끌림 받아 말씀을 새김질하여 영적인 말씀으로 살아가야 합니다. 그때에 비로소 우리 안에 회개와 용서가 있고, 사랑이 있고, 눈물이 있습니다. 자기 속에 영적 생명력인 예수의 생명이 풍성하게 차고 넘치면 본인이 영적 생명으로 풍성합니다. 나아가 그것을 전할 수 있는 사람으로 성경대로 믿고, 성경대로 실천하는 영적 생명을 소유한 자의 삶을 살아야 합니다.

사데 교회는 살았다 하는 이름은 가졌으나 죽은 자라는 책망을 받고 있습니다. 하나님 앞에서 행위가 온전하지 못하였기 때문입니다. 도둑같이 임할 주님의 날을 생각하여 회개하라고 권면하고 있습니다. 실천이 없는 교회는 죽은 교회입니다. 하나님의 말씀에 순종하여 복음의 생명력을 발하는 살아 있는 교회가 되어야 합니다.

라오디게아 교회는 차지도 아니하고, 뜨겁지도 않은 미지근한 태도로 인하여 주님의 책망을 받고 있습니다(계 3:15-16). 주님께서는 그 미지근한 태도를 꾸중하시며, 회개하라고 명령하십니다. 하나님과 세상을 동시에 섬기려는 기회주의적인 태도를 취하는 자를 단호히 토하여 버리겠다고 말씀하신 것입니다. 신앙에 미지근한 중간 지대란 없기 때문입니다. 문 밖에 서서 두드리시는 주님의 음성을 듣고 문을 열면, 주님께서 우리와 더불어 함께하신다고 약속하고 계십니다(계 3:20).

그때 영적 생명 즉, 예수님의 생명이 가득 차게 되는 것입니다. 날마다 하나님의 제단 앞에서 엎드려 기도해야 합니다. 무릎의 기도를 해야 합니다. 그리고 실족하지 않도록 기도하고 말씀을 연구하고, 그 말씀을 따라 적극적으로 순종하는 삶을 살아야 합니다.

6. 실천 사례

백석학원은 설립정신의 기초 위에 건학 이념 구현을 위해 최선을 다하고 있습니다. 세상의 많은 학교가 추구하는 목적과는 달리, 성경에 기초한 인성교육에 중점을 두고 있습니다. 교육은 사람을 '사람다운 사람'으로 새롭게 바꾸어 가는 것입니다. 도덕교육과 윤리교육만으로는 사람이 '사람다운 사람'으로 변화될 수 없습니다. "사람을 변화시키고 영적 생명을 살리는 교육은 오직 하나님의 말씀에 의해서만 가능함"을 믿고 실천하는 것이 백석학원의 설립 취지입니다.

백석학원 산하 모든 대학교는 영적생명운동을 실천함으로 기독교대학교의 사명을 더욱 견고히 해야 합니다. 교수들과 직원들은 성경에 기초한 연구와 행정을 바탕으로 각자의 사명을 감당해야 합니다. 그리고 학생들은 영적생명운동을 실천해 나감으로써 참다운 백석인이 되어야 하겠습니다.

1) 재학생을 위한 실천

기독교 필수 과목을 통해 우리는 하나님을 믿는 학생들의 신앙을 성숙하게 하고 그들이 기독교를 깊이 있게 이해하도록 합니다. 하나님을 알지도 못하고 믿지도 않는 학생들에게는 그들이 기독교와 하나님을 오해하지 않고 올바로 알도록 하기 위해 노력하고 있습니다. 또한 우리는 채플을 통해 학생들이 하나님께 예배드리고 하나님을 만날 수 있는 기회를 갖도록 노력하고 있습니다.

뿐만 아니라 교목실과 기독교 동아리들을 중심으로 캠퍼스 안에서 활발하게 전도 활동을 진행하고 있습니다. 백석대학교에서 1998년에 19명의 학생들에게 처음으로 세례를 베풀기 시작하였고, 2007년부터는 백석문화대학교도 동참하여 27명의 학생들에게 세례를 주었습니다. 2010년에는 백석예술대학교까지 세례운동이 확산되어 2017년에는 백석대학교, 백석문화대학교, 백석예술대학교를 통해 세례 받은 학생들이 788명이나 되는 결실을 맺었습니다. 우리는 앞으로도 더 많은 학생들에게 세례를 베풀기 위해 노력할 것입니다.

세례자 현황

	1998	1999	2000	2001	2002	2006	2007	2008	2009
백석 문화대	-	-	-	-	-	-	27	64	104
백석대	19	12	9	7	16	32	61	50	95
백석 예술대	-	-	-	-	-	-	-	-	-
합계	19	12	9	7	16	32	88	114	199

	2010	2011	2012	2013	2014	2015	2016	2017	2018
백석 문화대	127	78	276	195	171	174	282	296	99
백석대	130	100	192	163	173	176	295	216	125
백석 예술대	38	42	67	147	158	144	212	276	379
합계	295	289	535	505	502	494	789	788	603

2) 교직원을 위한 실천

재학생을 위해 교육과 채플, 전도 등의 활동이 진행되었다면, 교직원들을 위해서는 백석학원이 설립되던 때부터 오늘까지 복음 전파를 최우선 과제로 여겨왔습니다. 복음을 전하고 성경을 가르치는 것은 백석학원 교육의 중심이자 사명입니다. 설립 취지에 맞게 백석신학대학원에서는 모든 교수들이 함께 참여하는 '영혼사랑전도대회'를 진행하고 있습니다.

이 행사는 1998년부터 실천처(현 교목실) 주관으로 2006년까지 매학기 진행되었고, 2007년부터 현재까지는 매년 10월에 진행되고 있습니다. 특별히 2009년에 신학대학원에 교목본부가 설치되면서 학생들을 위해 각 학년별로 두 명씩의 교목들을 임용했습니다. '영혼사랑전도대회'에서 신학대학원 학생들은 각 반의 담당 교목과 함께 개척한 선배 목사님들이나 재학생 전도사님들이 담임하고 있는 교회들을 방문합니다. 예배를 드리고, 교회와 지역사회를 위해 뜨겁게 기도하며, 모두 함께 교회가 속한 지역사회의 주민들에게 복음을 증거하고 있습니다.

신학대학원 학생들이 담대하게 복음을 전하는 훈련을 하는 동시에 함께 모여 서로의 간증을 나누고, 복음을 전한 모든 영혼들을 위해 기도하며 은혜를 나누는 것은 '영혼사랑전도대회'를 통해 얻을 수 있는 큰 유익입니다. '영혼사랑전도대회'는 단순히 학생들에게 복음을 전하게 하는 훈련이 아닙니다. 교수들이 실제 목회 현장에 있는 동문들을 위로하고, 솔선수범하여 복음 증거의 현장에서 영적 생명의 확산을 위해 노력하고 있습니다. 우리는 이를 통해 영적생명운동이 추구하는 예수 그리스도의 생명을 나누고 증거하는 효과를 거두고 있습니다.

'영혼사랑전도대회'는 영적생명운동을 실천하는 신학대학원만의 새로운 활동이 되었습니다. 또한 지속적인 '영혼사랑전도대회'는 교직원들이 앞장서서 백석학원의 설립 취지를 잘 드러내고 실천한다는 점에서 그 의의를 찾을 수 있습니다.

4. 영적생명운동 | 실천적 제안

❶ 사람을 변화시키고, 영적 생명을 살리는 교육은
오직 하나님의 말씀으로!

---

❷ 이 세상에 복음 전도보다 중요하고 다급한 일은 없다.
때를 얻든지 못 얻든지 늘 전도하기에 힘쓰자.
포기하지 않으면 기회가 온다.

---

❸ 그리스도를 주로 고백하는 세례의 열매가 더욱 풍성해지려면
삶으로 믿음을 실천하는 영적생명운동이 살아 있어야 한다.
나는 어디서나 그리스도인답게 살고 있는가?

---

❹ 교회와 지역사회를 위해 뜨겁게 기도하며
영적 대각성운동이 일어나기를 사모하자.
영혼사랑전도대회를 통해 영적생명운동이 확산되기를!

---

❺ 학원복음화를 위한 전도 활동이
기독 동아리를 중심으로 캠퍼스에서 일어나고 있다.
나의 전도 대상 리스트에 있는 사람은 누구인가?

---

❻ 하나님의 말씀이 인격 속에 살아 있을 때
생명력 넘치는 삶, 풍성한 삶을 누리게 된다.
남북한 동포들에게 주는 가장 큰 선물은 민족 복음화!

---

❼ 미전도종족의 복음화를 위한 선교사역은
우리가 값없이 받은 복음의 빚을 되갚는 것.
현지로 직접 가는 선교사, 혹은 보내는 선교사로!